D1225112

J Sp 538 wal
Walker, Sally M.
El magnetismo

$26.60
ocm81150592
12/12/2007

Libros de energía
para madrugadores

MAGNETISM

POR SALLY M. WALKER
FOTOGRAFÍAS POR ANDY KING

EDICIONES LERNER • MINNEAPOLIS

Fotografías adicionales reproducidas con la autorización de: PhotoDisc Royalty Free de Getty
Images, pág. 8; © Arthur R. Hill/Visuals Unlimited, pág. 12; © Owaki-Kulla/CORBIS, pág. 40;
© Gerry Lemmo, pág. 42.

ediciones Lerner
Una división de Lerner Publishing Group, Inc.
241 First Avenue North
Minneapolis, MN 55401 EUA

Dirección de Internet: www.lernerbooks.com

Library of Congress Cataloging-in-Publication Data

Walker, Sally M.
   [Magnetism. Spanish]
   El magnetismo / por Sally M. Walker ; fotografías por Andy King.
      p. cm. — (Libros de energía para madrugadores)
   Includes index.
   ISBN 978–0–8225–7720–1 (lib. bdg. : alk. paper)
      1. Magnetism—Juvenile literature. 2. Magnetism—Experiments—Juvenile literature.
   3. Magnets—Juvenile literature. I. King, Andy, ill. II. Title.
QC753.7.W3518 2008
538—dc22   2007004099

Fabricado en los Estados Unidos de América
1 2 3 4 5 6 – DP – 13 12 11 10 09 08

CONTENIDO

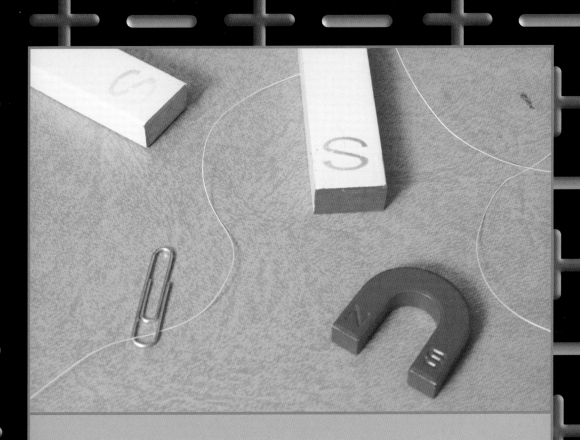

DETECTIVE DE PALABRAS

¿Puedes encontrar estas palabras mientras lees sobre el magnetismo? Conviértete en detective y trata de averiguar qué significan. Si necesitas ayuda, puedes consultar el glosario de la página 46.

átomos	fuerza	orbitar
brújula	magnético	permanente
campo magnético	no magnético	polos
electroimanes	núcleo	repeler
electrones	opuesto	temporal

Algunos imanes son fáciles de ver. Otros están escondidos en el interior de las máquinas. ¿Para qué sirven los imanes escondidos?

CAPÍTULO 1
LOS IMANES

Observa tu salón de clases o tu casa. ¿Ves algunos imanes? Mucha gente usa los imanes para sujetar fotografías en el refrigerador. Estos imanes son fáciles de ver.

6

También hay muchos imanes que no puedes ver. Están escondidos en el interior de radios, teléfonos y televisores. ¿Por qué hay imanes en el interior de estas máquinas?

Los imanes crean una fuerza magnética. Una fuerza es lo que usas cuando jalas o empujas. La fuerza magnética hace que el imán se pegue al refrigerador. Muchas máquinas funcionan gracias a la fuerza de los imanes escondidos en su interior.

Sin imanes, los televisores no funcionarían.

La fuerza de un imán viene de unas partículas diminutas llamadas átomos. Todas las cosas están hechas de átomos. Los imanes, el aire, las plantas, las rocas y tu cuerpo están hechos de átomos. En el punto de la letra *i* caben millones de átomos. El centro de un átomo se llama núcleo.

Todo a tu alrededor está hecho de átomos. ¡Tú también estás hecho de átomos!

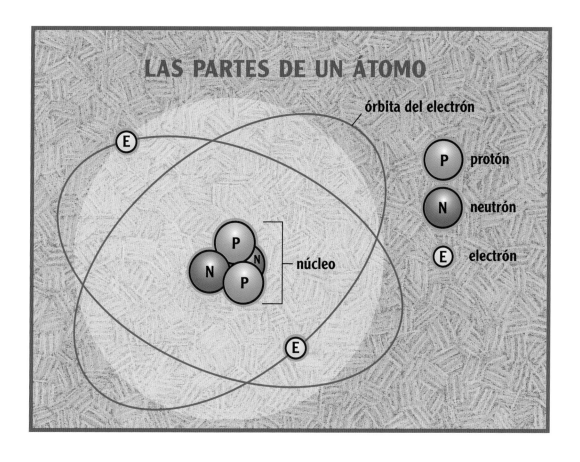

LAS PARTES DE UN ÁTOMO

órbita del electrón

E

P protón

N neutrón

E electrón

núcleo

E

Los átomos están hechos de partículas aún más pequeñas. Estas partículas se llaman protones, neutrones y electrones. El núcleo de un átomo está hecho de protones y neutrones. Los electrones orbitan alrededor del núcleo de un átomo. Orbitar es viajar en círculos. Una parte pequeña de la fuerza del imán se crea cuando los electrones orbitan en su interior.

La niña que camina representa a un electrón. Se mueve en círculo alrededor de su amiga.

Pide a un amigo que se siente en el medio del salón. Camina en círculo alrededor de tu amigo. Estás orbitando alrededor de tu amigo.

Mientras el electrón orbita, también se mueve de una segunda forma. Detente en un lugar y comienza a girar. El electrón también gira de esta forma. La mayor parte de la fuerza del imán proviene de los electrones girando en su interior.

Los electrones de un átomo giran en direcciones diferentes. Algunos giran en sentido de las manecillas del reloj. El resto gira en sentido contrario. A veces, la mitad de los electrones de un átomo giran en sentido de las manecillas y la otra mitad gira en sentido contrario. Cuando pasa eso, el átomo no tiene fuerza magnética. Pero si hay más electrones que giran en una misma dirección, el átomo tiene fuerza magnética. Los átomos que tienen fuerza magnética actúan como imanes diminutos.

Ahora la niña gira en un lugar. El electrón gira mientras se mueve en alrededor del núcleo.

Los imanes fuertes levantan metales pesados en los depósitos de chatarra. ¿Todos los imanes conservan su fuerza magnética para siempre?

CAPÍTULO 2
MATERIALES MAGNÉTICOS

Algunos imanes son más fuertes que otros. Los imanes fuertes tienen más fuerza magnética que los imanes débiles. Los imanes en barra, las herraduras y los imanes redondos son fuertes. Pero los imanes de refrigerador son débiles.

Algunos imanes son imanes permanentes. Los imanes permanentes conservan su fuerza magnética para siempre. Otros imanes son imanes temporales.

Los imanes temporales conservan su fuerza magnética durante un tiempo, pero luego la pierden.

Un tipo de roca negra llamada magnetita es un imán permanente. Algunos metales también pueden convertirse en imanes permanentes. El hierro, el níquel, el acero y el cobalto son metales que pueden convertirse en imanes permanentes. Los materiales que pueden convertirse en imanes se llaman materiales magnéticos.

Las monedas de cinco centavos se llaman *nickels* porque están hechas de una combinación de cobre y níquel.

Los imanes atraen otros materiales magnéticos. La fuerza del imán jala al material magnético. Esa atracción hace que el material magnético se pegue al imán. Los imanes se pegan a cualquier material magnético.

Los imanes se pegan a cualquier material magnético.

Los clips están hechos de acero. Los imanes atraen objetos que están hechos de acero.

Consigue un imán y un clip. ¿Puedes levantar el clip con el imán? Sí. El imán atrae al clip. El clip está hecho de acero, y el acero es un material magnético.

La mayoría de los materiales no son magnéticos. Los imanes no atraen los materiales no magnéticos. Los materiales no magnéticos tampoco pueden convertirse en imanes. El aluminio, el cobre y la plata son metales no magnéticos, El hule, la madera y el concreto tampoco son magnéticos.

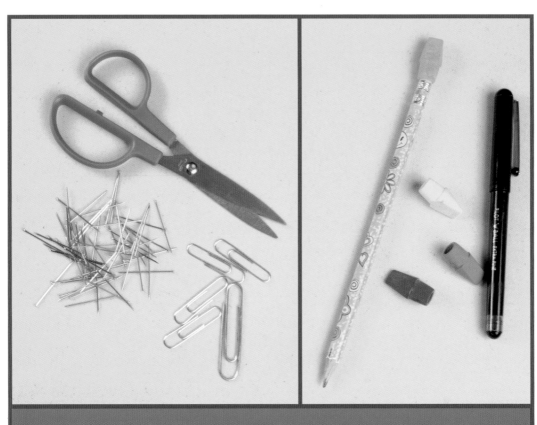

Los alfileres, los clips y las tijeras están hechos de material magnético. Los lápices de madera, los bolígrafos de plástico y las gomas de hule están hechos de material no magnético.

Un imán no puede levantar un lápiz de madera.

Usa un imán para averiguar si los materiales son magnéticos. ¿Se pega el imán al vidrio de una ventana? ¿Puede el imán levantar un lápiz? Prueba con otros materiales. Comprueba si son magnéticos o no.

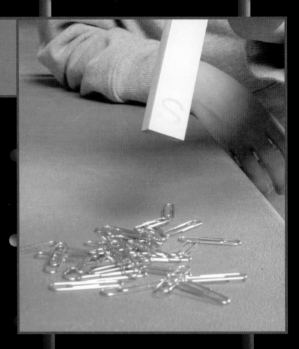

Los imanes atraen los objetos de acero, como los clips. ¿Por qué este imán no atrae los clips?

CAPÍTULO 3

CÓMO FUNCIONAN LOS IMANES

Cada imán tiene un campo magnético. El campo magnético es un espacio alrededor del imán. Dentro de este espacio, la fuerza del imán puede atraer un objeto. Si el material magnético está fuera del campo, el imán no puede atraerlo. Puedes comprobarlo. Necesitarás un imán, un clip de metal y un trozo de hilo.

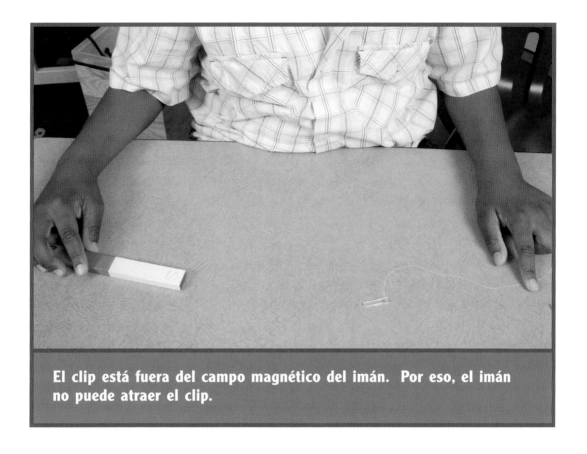

El clip está fuera del campo magnético del imán. Por eso, el imán no puede atraer el clip.

Ata un extremo del hilo al clip. Coloca el clip sobre una mesa. Con un dedo, sostén el extremo libre del hilo contra la mesa. Coloca el imán aproximadamente a 10 pulgadas (25.4 centímetros) del clip. Mueve el imán hacia arriba y hacia abajo. ¿Atrae el imán al clip? No, el clip no se mueve. El clip está fuera del campo magnético. Entonces, el imán no puede atraer al clip.

Coloca el imán aproximadamente a una pulgada del clip. Mueve el imán hacia arriba y hacia abajo. ¿Qué sucede ahora? El clip se mueve. Está dentro del campo magnético.

El clip está dentro del campo magnético del imán. El imán hace que el clip se mueva.

El imán puede levantar el clip sin tocarlo.

La fuerza magnética es más fuerte cuando el imán está cerca. A veces, la fuerza es lo suficientemente fuerte para levantar un objeto sin tocarlo. ¿Tu imán puede levantar el clip de la mesa sin tocarlo?

Los dos extremos de un imán de herradura atraen material magnético. ¿Cómo se llaman estos dos extremos?

CAPÍTULO 4
POLOS MAGNÉTICOS

Hay dos partes de un imán que tienen más fuerza. Estas partes se llaman polos. Todos los imanes tienen dos polos. Uno se llama polo norte. El otro se llama polo sur.

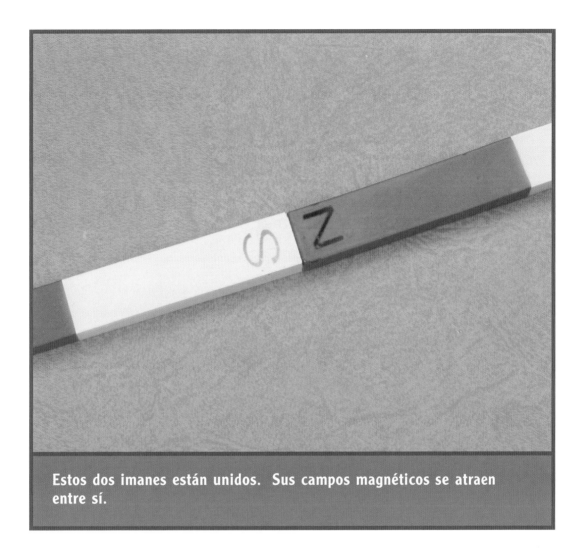

Estos dos imanes están unidos. Sus campos magnéticos se atraen entre sí.

El campo magnético de un imán puede afectar al campo magnético de otro imán. Los campos magnéticos se empujan o se jalan. Los imanes tratan de alinearse para que los dos campos magnéticos apunten en la misma dirección.

La Tierra tiene un campo magnético. Por eso, tiene un polo norte magnético. Si cuelgas un imán de un cordel, el imán gira de manera que su campo magnético esté alineado con el campo de la Tierra. El polo norte del imán siempre apuntará hacia el polo norte magnético de la Tierra. La aguja de una brújula es un imán. El polo norte de la aguja gira hasta apuntar hacia el polo norte magnético de la Tierra.

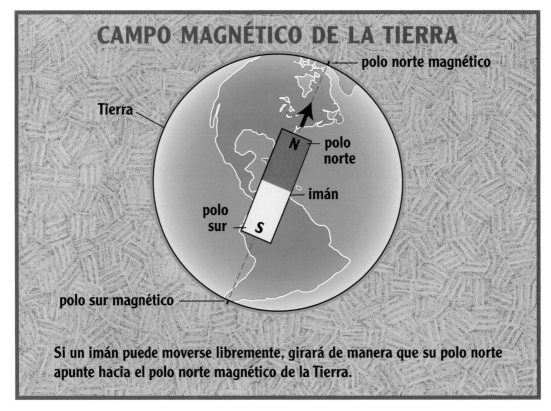

CAMPO MAGNÉTICO DE LA TIERRA

polo norte magnético

Tierra

N — polo norte

imán

polo sur — S

polo sur magnético

Si un imán puede moverse libremente, girará de manera que su polo norte apunte hacia el polo norte magnético de la Tierra.

Para este experimento, el tazón debe ser más ancho que la longitud de los imanes.

Tú puedes hallar el polo norte de un imán. Necesitarás dos imanes pequeños en barra, una bandeja gruesa de corcho blanco, tijeras, cinta adhesiva, un bolígrafo, una brújula y un tazón grande con agua.

Corta dos tiras de corcho blanco. Cada tira debe ser más larga y más ancha que los imanes. Pega con cinta un imán a cada tira de corcho blanco. Traza una *X* en el corcho blanco al lado de un extremo de cada imán. La *X* te ayudará a distinguir los extremos.

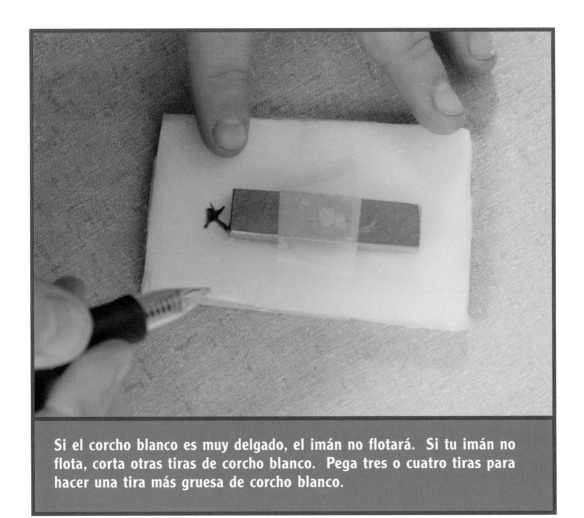

Si el corcho blanco es muy delgado, el imán no flotará. Si tu imán no flota, corta otras tiras de corcho blanco. Pega tres o cuatro tiras para hacer una tira más gruesa de corcho blanco.

La aguja de una brújula siempre gira para apuntar hacia el norte. La punta verde de la aguja de esta brújula está apuntando hacia el norte.

Coloca la brújula a aproximadamente 1 pie (30.5 centímetros) del tazón de agua. La aguja de la brújula girará. Espera a que la aguja se detenga. Observa en qué dirección apunta. Esa dirección es el norte.

Coloca uno de los imanes en el tazón con agua. Observa mientras el imán gira. Un extremo siempre gira hacia el norte. Ese extremo es el polo norte del imán. El otro extremo es el polo sur. Haz girar el imán y luego suéltalo. El imán volverá a girar hasta apuntar hacia el norte.

Coloca un pequeño trozo de cinta en el polo norte del imán. Márcalo con una *N*. Halla el polo norte del otro imán de la misma manera.

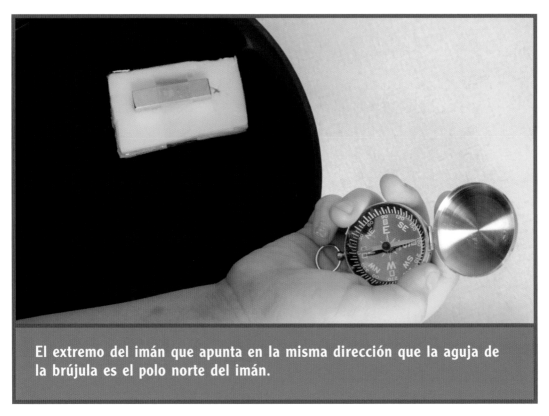

El extremo del imán que apunta en la misma dirección que la aguja de la brújula es el polo norte del imán.

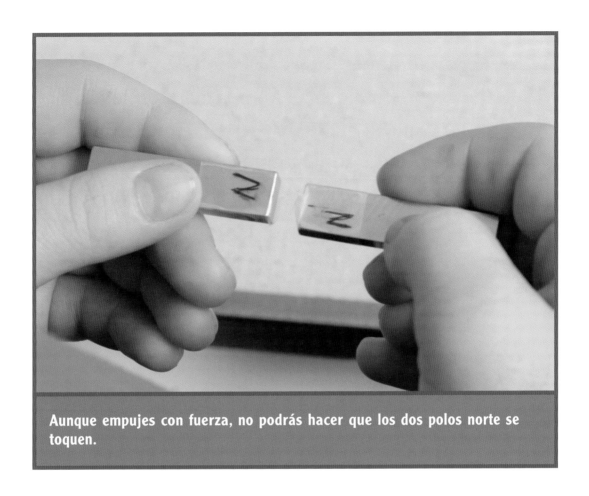

Aunque empujes con fuerza, no podrás hacer que los dos polos norte se toquen.

Quita los imanes del corcho blanco. Sostén cada imán por el polo sur. Intenta que los dos polos norte se toquen. ¿Qué sucede? Los imanes se alejan entre sí. Sostén los imanes por el polo norte. Intenta que los polos sur se toquen. Sucede lo mismo. ¿Por qué? Porque los polos iguales se repelen entre sí. Repeler significa empujar.

Sostén un imán por el polo norte. Sostén el otro imán por el polo sur. Ahora intenta que los imanes se toquen. ¿Qué sucede? Los imanes se unen. ¿Por qué? Porque los polos opuestos se atraen. Los polos opuestos son los polos diferentes.

Un polo norte y un polo sur se unen.

Usa el polo norte de un imán para empujar el polo norte del otro imán.

Coloca un imán sobre una mesa. ¿Puedes hacer que el imán se caiga de la mesa sin tocarlo? Empújalo con la fuerza magnética. Recuerda que los polos iguales se repelen entre sí y los polos opuestos se atraen.

La fuerza magnética puede funcionar a través de materiales no magnéticos. Cubre un clip con un trozo de papel. Sostén un imán muy cerca del papel. Levanta el imán. ¿Qué sucede? La fuerza magnética atraviesa el papel. El imán atrae al clip. El imán levanta al papel y al clip.

La fuerza de un imán funciona a través de un trozo de papel.

¡La fuerza de un imán fuerte incluso funciona a través de tu dedo!

La fuerza magnética también puede actuar a través de tu cuerpo. Usa la mano derecha para sostener un imán sobre la parte superior de tu dedo índice izquierdo. Pide a un amigo que sostenga un clip debajo de tu dedo, justo debajo del imán. ¿Tu amigo puede hacer que el clip cuelgue de tu dedo?

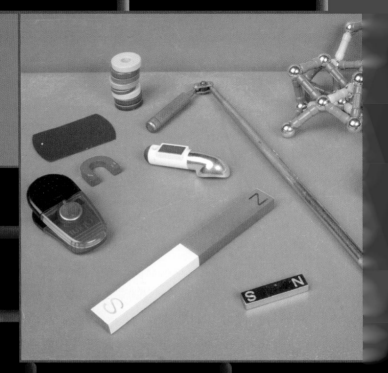

CAPÍTULO 5

TIPOS DE IMANES

Algunos materiales tienen muchos átomos con fuerza magnética. Estos átomos se alinean de manera que todos sus polos apuntan en la misma dirección. El material tiene mucha fuerza magnética gracias a que los átomos magnéticos se

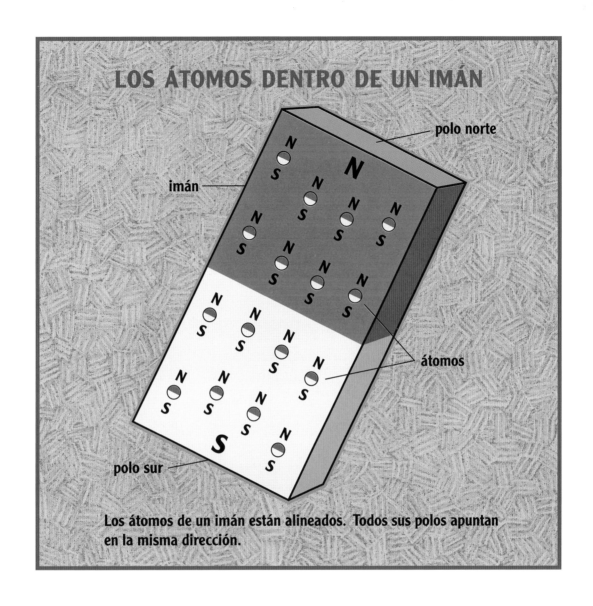

LOS ÁTOMOS DENTRO DE UN IMÁN

polo norte

imán

átomos

polo sur

Los átomos de un imán están alineados. Todos sus polos apuntan en la misma dirección.

El hierro y el acero tienen muchos átomos con fuerza magnética. Por lo tanto los objetos de hierro y de acero se pueden convertir en imanes temporales. Puedes comprobarlo con dos clips y un imán.

Sostén un clip cerca del otro clip. Intenta levantar el otro clip con el primero. ¿Los clips se atraen? No. No hay fuerza magnética entre ellos.

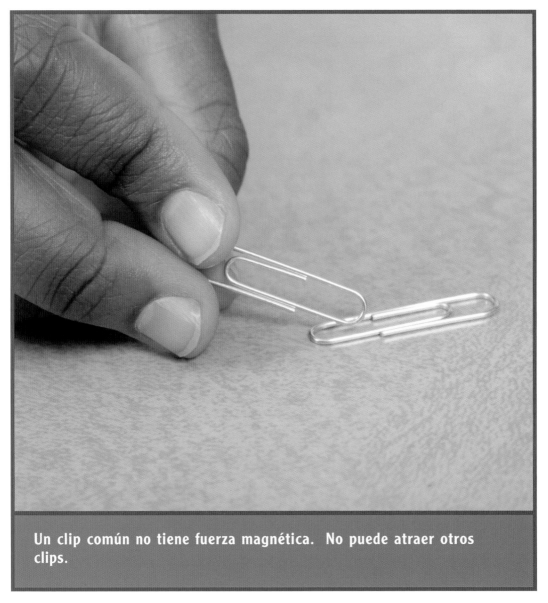

Un clip común no tiene fuerza magnética. No puede atraer otros clips.

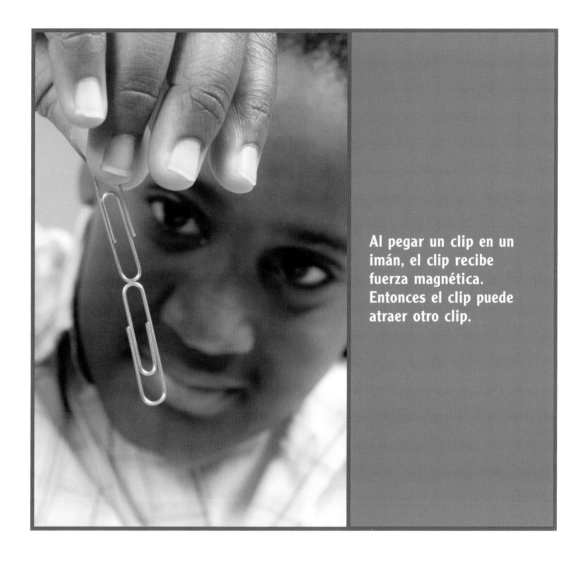

Al pegar un clip en un imán, el clip recibe fuerza magnética. Entonces el clip puede atraer otro clip.

Coloca un clip sobre el imán. Asegúrate de que sobresalga un extremo del clip. Sostén el imán de manera que el extremo libre del clip esté cerca del otro clip. ¿El clip que está colgado atrae al otro clip? Sí. ¿Por qué sucede esto?

Los átomos de un clip son como imanes diminutos. La fuerza del imán hace que los átomos se alineen para que sus polos apunten en la misma dirección. El clip se convierte en un imán temporal.

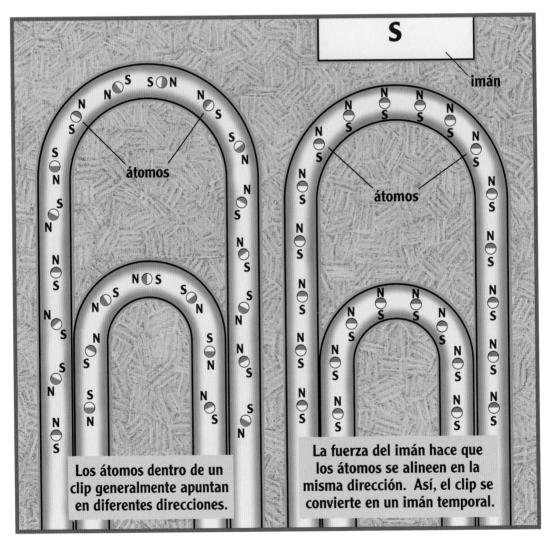

imán

átomos

átomos

Los átomos dentro de un clip generalmente apuntan en diferentes direcciones.

La fuerza del imán hace que los átomos se alineen en la misma dirección. Así, el clip se convierte en un imán temporal.

Al golpear el clip contra la mesa, la fuerza magnética del clip desaparece.

Golpea el clip magnético contra una mesa 50 veces. Luego, colócalo cerca de otros clips. ¿Los atrae? No. Al golpear el clip, los átomos se desalinearon. La fuerza magnética desapareció.

La electricidad se puede usar para crear imanes temporales muy fuertes. Estos imanes se llaman electroimanes. Para crear un electroimán, se hace un rollo de alambre. El alambre puede transportar electricidad. Cuando la electricidad fluye a través del rollo de alambre, se crea un campo magnético fuerte. Cuando la electricidad se apaga, la fuerza magnética se detiene.

La mayoría de los timbres tienen un electroimán en su interior. El electroimán hace que el timbre suene.

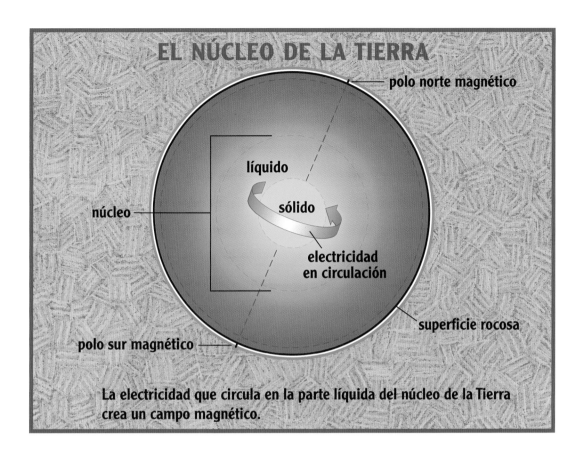

EL NÚCLEO DE LA TIERRA

polo norte magnético

líquido

sólido

núcleo

electricidad
en circulación

superficie rocosa

polo sur magnético

La electricidad que circula en la parte líquida del núcleo de la Tierra crea un campo magnético.

El centro de la Tierra se llama núcleo. El núcleo de la Tierra está hecho principalmente de hierro. El núcleo está muy caliente. Por eso, parte del hierro del núcleo está fundido. Este hierro fundido no es un metal duro, sino que está líquido. La electricidad se mueve en el hierro líquido. La electricidad en circulación crea un campo magnético. ¡La Tierra es un electroimán gigante!

Algunos animales pueden sentir el campo magnético de la Tierra. Las aves usan el campo magnético de la Tierra para orientarse cuando migran. Migrar significa viajar cuando cambian las estaciones.

Algunos gansos recorren miles de millas todos los años. Los gansos usan el campo magnético de la Tierra para hallar su camino.

Los imanes crean las letras y las imágenes que ves en la pantalla de una computadora.

La fuerza magnética es una parte importante de nuestras vidas. Hay imanes en la mayoría de las máquinas que usamos. Hay imanes diminutos dentro de las computadoras. Los imanes grandes pueden levantar objetos pesados en los depósitos de chatarra. Los imanes hacen que nuestro trabajo sea más fácil. ¿Qué imanes trabajan para ti en este instante?

SOBRE COMPARTIR UN LIBRO

Al compartir un libro con un niño, usted le demuestra que leer es importante. Para aprovechar al máximo la experiencia, lean en un lugar cómodo y tranquilo. Apaguen el televisor y eviten otras distracciones, como el teléfono. Estén preparados para comenzar despacio. Túrnense para leer distintas partes del libro. Deténganse de vez en cuando para hablar de lo que están leyendo. Hablen sobre las fotografías. Si el niño comienza a perder interés, dejen de leer. Cuando retomen el libro, repasen las partes que ya han leído.

DETECTIVE DE PALABRAS

La lista de la página 5 contiene palabras que son importantes para entender el tema de este libro. Conviértanse en detectives de palabras y búsquenlas mientras leen juntos. Hablen sobre el significado de las palabras y cómo se usan en la oración. ¿Alguna de estas palabras tiene más de un significado? La definición de las palabras se encuentra en el glosario de la página 46.

¿QUÉ TAL UNAS PREGUNTAS?

Use preguntas para asegurarse de que el niño entiende la información del libro. He aquí algunas sugerencias:

> ¿Qué nos dice este párrafo? ¿Qué muestra la imagen? ¿Cómo usa la gente los imanes? ¿Cuáles son las dos formas en que se mueve un electrón? ¿Qué partes de un imán tienen la mayor fuerza? ¿Cómo muestra la dirección una brújula? ¿Cuál es tu parte favorita del libro? ¿Por qué?

Si el niño tiene preguntas, no dude en responder con otras preguntas, como: ¿Qué crees *tú*? ¿Por qué? ¿Qué es lo que no sabes? Si el niño no recuerda algunos datos, consulten el índice.

PRESENTACIÓN DEL ÍNDICE

El índice le permite al lector encontrar información sin tener que revisar todo el libro. Consulte el índice de la página 48. Elija una entrada, por ejemplo *polos magnéticos*, y pídale al niño que use el índice para averiguar qué polos se repelen entre sí. Repita este proceso con todas las entradas que desee. Pídale al niño que señale las diferencias entre el índice y el glosario. (El índice le sirve al lector para encontrar información, mientras que el glosario explica el significado de las palabras.)

EL MAGNETISMO

LIBROS

Farndon, John. *Magnetism*. Tarrytown, NY: Benchmark Books, 2002. Descubre todo acerca del magnetismo, incluso muchas maneras en que las personas usan los imanes.

Gibson, Gary. *Playing with Magnets*. Brookfield, CT: Copper Beech Books, 1995. Prueba estos juegos y actividades para aprender más sobre el magnetismo.

Meiani, Antonella. *Magnetism*. Minneapolis: Lerner Publications Company, 2003. Algunos experimentos simples que muestran cómo funcionan los imanes.

Nankivell-Aston, Sally, and Dorothy Jackson. *Science Experiments with Magnets*. New York: Franklin Watts, 2000. Este libro está lleno de experimentos y actividades con imanes.

Tocci, Salvatore. *Experiments with Magnets*. New York: Children's Press, 2001. Este libro tiene más experimentos que te ayudan a aprender sobre los imanes.

SITIOS WEB

Compass Points
http://www.nationalgeographic.com/ngkids/trythis/tryfun2.html
Aprende cómo hacer una brújula.

Creative Kids at Home: Magnets
http://www.creativekidsathome.com/science/magnet.html
Este sitio Web tiene preguntas, actividades interesantes y mucho más.

Energy Kids Page: Energy History
http://www.eia.doe.gov/kids/history/index.html
Aprende sobre la historia de la energía y del magnetismo. Este sitio Web también tiene información sobre algunos de los científicos famosos que descubrieron cómo funciona la energía.

GLOSARIO

átomos: las partículas que forman las cosas

brújula: una herramienta que se usa para mostrar la dirección. La aguja de una brújula es un imán que siempre apunta hacia el norte.

campo magnético: el espacio alrededor de un imán en el que la fuerza del imán puede atraer un objeto

electroimanes: imanes que obtienen su fuerza magnética de la electricidad

electrones: partículas diminutas que giran alrededor del centro de un átomo

fuerza: lo que usas cuando jalas o empujas

magnético: que puede convertirse en imán. El hierro y el acero son materiales magnéticos.

no magnético: que no puede convertirse en imán. El papel y el vidrio son materiales no magnéticos.

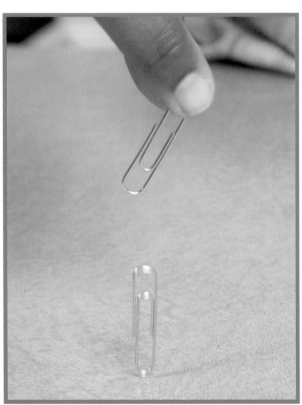

núcleo: el centro de un átomo

opuesto: diferente

orbitar: viajar en círculos

permanente: que dura para siempre

polos: las dos partes de un imán que tienen mayor fuerza. Cada imán tiene un polo norte y un polo sur.

repeler: rechazar o empujar

temporal: que dura un tiempo breve

ÍNDICE

Las páginas indicadas en **negritas** hacen referencia a fotografías

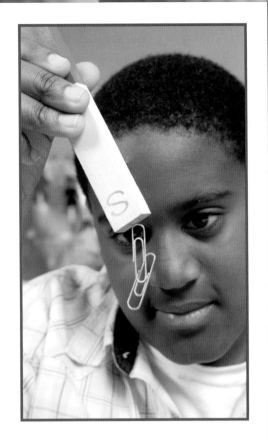